Crónicas del Vivir

75 Poemas Cortos

Ruben Omar

CRÓNICAS DEL VIVIR

Copyright @ 2025 by Ruben Elustondo

ISBN: 979-8-9940285-0-6

CRÓNICAS DEL VIVIR es una colección de poemas breves nacidos del profundo desafío de vivir en otro país. Escritos lejos de la familia y los afectos, la distancia y el consecuente aislamiento agudizan el sentido de la observación y favorecen la meditación profunda sobre la experiencia vivida y el entorno circundante.

Este proceso se convierte en un viaje de aprendizaje y autodescubrimiento que, en última instancia, fortalece el espíritu. El mensaje de estos versos no aspira a presentar una verdad absoluta ni a trazar un destino, sino, sencillamente, son una invitación íntima a compartir el camino.

Índice

Soledad y fe

El poeta dijo con razón:
"Tengo una soledad tan concurrida
que podria organizar una procesión"
y puedo verlo en mi vida

Con los que dicen que me quieren
y no me prestan atención,
con los que me alaban y aplauden
pensando en su ambición

Con los que me tienen miedo
por asegurar su ración
mientras esperan el momento
de cometer su traición

Con las sombras de mí mismo
con mis miedos y mis abismos,
con mis penas y mis dudas,
mis sueños y mi cordura

Con mis grises y mis colores,
mis alegrías y mis dolores.
Mas no estoy solo: creo en tí,
algo dentro de mí,

Que me quiere y me ilumina
cuando la tarde se inclina
hacia el lugar de las sombras
poniendo una alfombra

Para hacer fácil el camino
que esta escrito en mi destino.

Mis verbos

Estoy cambiando mis verbos uno a uno
antes que me quede sin ninguno

Hoy abandoné
Tener, Ganar, Perder

Y encontré
Sentir, Creer, Agradecer

No se puede tener lo que se quiere
ni se puede sentir lo que se tiene

No se puede perder lo que uno quiere
ni querer lo que uno pierde

Porque el querer se siente
y el tener se pierde

El que gana no agradece
porque no cree, se envilece

Y el que cree agradece
porque no gana, sino siente.

Preguntas

Quién tiene lo que busco?
Quién escondió mi felicidad?
Por qué el camino es brusco?
Por qué es difícil llegar?

Cuántas veces me lo pregunto
con la facilidad que dá
el no mirar hacia adentro
para encontrar la verdad

Porque si sé lo que quiero
con un deseo sincero
lo que busco sí lo encuentro
y si no existe, lo invento

Porque la felicidad no miente,
y está gritando que la encuentre
explorando cada rincón
del laberinto de mi corazón

Porque el camino no es brusco
sino que yo mal conduzco
por la geografía de la vida
buscando una fácil salida

Porque el llegar no es complicado
cuando en lugar de ir apurado
voy saboreando emociones
y disfrutando estaciones

La otra

Ella se fué,
quedó la otra,
la que calcula, que piensa,
la que tiene sus alas rotas

Sus ojos ven el precipicio
debajo del ancho mar,
sin ver el agua clara
que la invita a navegar

Ya está cuerda,
todos dicen
porque vé, piensa y siente
todos los aceptados grises

Busca su vida formal
por caminos de concreto,
ya no corre por senderos
con flores, piedras e insectos

Ella se fué,
quedó la otra,
el cambio no es malo ni bueno,
simplemente un cambio ajeno
que no se debe juzgar

El diccionario

Hoy compré un diccionario,
que mal me hizo sentir!
solo lo hice para cumplir
con la ortografía correcta

A quién le importa una zeta
si con ese corresponde?
el que mira lo de afuera
al mensaje no responde..

Quién leerá lo que escribo?
como si hubiera incertidumbre...
o es que acaso concibo
ser poeta de muchedumbres?

Pero por si alguien lee atento,
por forma y no por sentimiento
solo le quiero decir
que esto es un simple fluir
sin comas, puntos ni acentos...

Descubrimiento

Gracias por lo que me diste,
por los momentos felices,
por los mil y un matices
que en mi vida tu pusiste

Eres real o fantasía?
a quién le importa saberlo..
lo cierto es que he cambiado
y esto es imposible perderlo

Eres una brisa, un libro nuevo?,
una película, un solitario paseo?,
una tristeza, un sol tempranero?,
una lágrima, una risa, un juego?

O es toda esa variedad
que me trajo el alimento
de expresar mis sentimientos
y cambiar mi soledad?

Por tí me puedo expresar
libre y sin ataduras
y me enseñaste a volar
sobre reglas y cordura

Tú eres la poesía
que veía sin sentido
en mi mundo tan perfecto
de orden, quejas y hastío

Otros no te ven
ni perciben que he cambiado,
no importa adonde iré,
estarás siempre a mi lado..

Oiga Jefe

Oiga Jefe,
va a bajar de su planeta?
algun día intentó
tomar sol en camiseta?

Oiga Jefe,
no quiera ser tan perfecto,
póngale curvas y valles
a su camino tan recto

Oiga Jefe,
no ve que es una cosa funesta
vivir estrategias y costos
en vez de gozar una siesta?

Oiga Jefe,
cuándo tomará la chance
de analizar sus sentimientos
en lugar de los balances?

Oiga Jefe,
por qué está siempre en pose?
o es que le da miedo
que una alegría lo roce?

Oiga Jefe,
por qué sólo mira arriba?
no ve que quiere ser águila
pero sólo llega a hormiga?

Oiga Jefe,
no se crea tan poderoso
no ve que por distintos caminos
llegamos al mismo pozo?

El hoy

Prometí bajar de peso
pero hoy ví unos chocolates,
mañana empiezo con eso

Prometí ser más puntual
pero creo que hoy el tráfico
estuvo peor que lo habitual

Prometí que iba a escuchar
pero me siento cansado,
hoy preciso descansar

Prometí ir contigo al cine
pero hoy me entretuvo el jefe,
ese que me explota y me oprime

Prometí disfrutar la vida
pero hoy desperdicié el día
entre chismes y mentiras

Prometí ayudar a ese niño
pero hoy el quererme a mi mismo
me agotó todo el cariño

Prometí apreciar las flores
pero hoy no tengo tiempo.
tengo junta de acreedores

Prometí ver el azul del cielo
pero hoy estoy tan preocupado
que mejor veo el gris del suelo

Prometí lo que no puedo
o es que siempre es el hoy
el que aparece primero?

Norte y Sur

En las tierras del Norte
no se piensa, se viven instrucciones,
en las tierras del Sur
no hay orden, se saborean canciones

En las tierras del Norte
la gente se divide por sexo y por raza,
en las tierras del Sur
la gente se divide por riqueza y por casta

En las tierras del Norte
hay dinero y ambiciones,
en las tierras del Sur
hay familias y emociones

En las tierras del Norte
se trabaja para ganar,
en las tierras del Sur
se descansa para disfrutar

En las tierras del Norte
se divierten con cerveza,
en las tierras del Sur
hay música y buena mesa

En las tierras del Norte
el Juez aplica la regla,
en las tierras del Sur
un buen amigo todo arregla

En las tierras del Norte
las luces en el cemento brillan,
en las tierras del Sur
con luna los campos se maquillan

En las tierras del Norte
el hombre construye belleza,
en las tierras del Sur
se goza la naturaleza

En los puntos cardinales,
siempre hay algo que apreciar,
puedes ver tan sólo males
o tu tierra disfrutar

Sowhat?

Si me miran con envidia
y mis alas les fastidian,
sowhat?

Si los árboles me saludan
pero no es señal de cordura,
sowhat?

Si sueño con el viento
en lugar de estar atento,
sowhat?

Si un verso me fascina
en las horas de oficina,
sowhat?

Si pienso en lo que quiero
aunque no sea lo que debo,
sowhat?

Si las reglas yo no sigo,
pero no me meto contigo,
sowhat?

Si reemplazo los sermones
por sorpresas e ilusiones,
sowhat?

Si pienso en camiseta
aunque vista de etiqueta,
sowhat?

Si me alivia un alarido
aunque no esté permitido,
sowhat?

Si me peino de costado
en un país de pelados,
sowhat?

Si yo vivo transparente
aunque no es costumbre vigente,
sowhat?

Niña triste

Niña de ojos tristes,
que tan lejos te fuiste,
por qué no gozas la vida?
por qué te das por vencida?

Niña de ojos tristes,
que tan lejos te fuiste,
no ves que hay sol en tu ventana?,
que hay nueva luz cada mañana?

Niña de ojos tristes,
que tan lejos te fuiste,
no te sientes ya mujer?,
no buscas vivir, querer?

Niña de ojos tristes,
que tan lejos te fuiste,
no te abandones ni llores,
transforma tu gris en colores

Niña de ojos tristes,
que tan lejos te fuiste,
tu sabes que eres querida
aunque a veces se te olvida

Niña de ojos tristes,
que tan lejos te fuiste,
vuelve, no hace falta hablarlo
nuestro corazón va a festejarlo

Niña fuiste, eres mujer
empieza en ti a creer
y crearás con tu alegría
mañana siempre un buen día

Triste fuiste, serás feliz
con el cambiante matiz
de agradecer lo que vives
sin tener lo que más pides

Silencios

Decime algo lindo...
que quiero saber
que sientes por mí,
no ves que soy mujer?

Decime algo lindo...
Qué pudiera decirte?,
Que quisiera ser luna
y de blanco vestirte

Decime algo lindo...
Qué pudiera pensar?
Que cuando estoy lejos
me ilusiono con llegar

Decime algo lindo...
Qué es lo que se me ocurre?
Que en el frío de enero
tu me traes mi octubre

Decime algo lindo...
Ya no tengo más palabras?
Solo veo besos y amor
cuando la puerta me abras

Decime algo lindo...
Qué te pudiera decir?
A veces no digo mucho...
Que sólo en tí puedo vivir...

Que te quiero muy lindo...
Teneme paciencia,
es silencio de hombre,
mas no indiferencia

La oficina

La oficina es el lugar
donde la vida corre y se detiene,
donde todo va a cambiar
nunca o el año que viene

Es hogar de contradicciones
a veces triste y rutinario,
otras lleno de emociones,
con agendas, pero sin calendario

Es el palacio de la envidia,
y el paraíso del chismoso,
la muerte de la vida
o el futuro esplendoroso

Hay gerentes arrogantes
o es que serán buena gente?
hay empleados sobrantes,
o es que serán excelentes?

Porque todos califican
segun su conveniencia,
y a los que unos critican
otros les hacen reverencias

Hay amigos de ocasión
y de los verdaderos
hay trabajo a presión
y momentos placenteros

Nacen los eternos romances,
y las relaciones a oscuras,
entre comités y balances,
ventas, pagos y facturas

La oficina es la vida
concentrada en ocho horas,
que empieza todos los días
y te endulza o te devora

Niño pobre

Mami, qué es ser pobre?
No tener lo que tu quieres,
poco abrigo, piel de cobre,
que no sepan cuando mueres

Mami, adonde esta papá?
Tiene importantes reuniones
y hoy muy tarde llegará.
Reza ya tus oraciones...

Mami, iremos al zoológico?
No puedo, tengo una cita
para mi estudio astrológico,
Inclina ya tu cabecita...

Mami, me leerás un cuento?
No puedo, iré al concierto,
ay mi amor, cuánto lo siento!
Es tarde, y todavía despierto...

Mami, vendrás a verme actuar?
No puedo, estaré cansada,
del concierto ire a bailar.
No te quites la frazada...

Mami, me das un beso?
Duérmete de una vez
y no te daré un peso
sino que te daré diez

Mami, por qué me siento tan pobre
teniendo lo que tu quieres,
mucho abrigo, un gran nombre,
fiestas, dinero y piel de nieve?

La casa

Empezamos con la idea
de construir una casa,
dos pisos y chimenea,
justo enfrente de una plaza

Primero fueron los planos
hechos con imaginación,
espacios, lápiz y manos,
luces, sueños e ilusión

Luego el Señor Financista
con sus cálculos e intereses
nos hizo ser más realistas
y nos ató por dos mil meses

Nuestra casa tendrá colores,
ya la queremos terminar
para ponerle amor, penas, sabores
y más que casa sea un hogar

Construiremos un jardín
con rosas de buenos días,
sentimientos color carmín
y claveles de alegrías

Habrá grandes ventanas
por donde entrará el sol,
iluminando cada semana
en inglés y en español

Será un precioso castillo
más allá de la razón
cuando además de ladrillos
le pongamos corazón

Cataratas

Lluvias de hastío
y ríos de necesidades
forman con sus fríos
cataratas de soledades

Culpas no reconocidas
y amores pasajeros
van dejando en sus vidas
huellas de acero

Son los incorformes,
los que siempre quieren más,
los que hacen juicios e informes
criticando a los demás

Pobres vidas tan oscuras!
que han perdido la luz
con la envidia que les tortura
y la altivez que es su cruz

Si encuentras a uno de ellos
con su pose superior,
auyéntalo con destellos
de risas, cantos y amor

O a lo mejor lo convences
cambiando una espina en rosa
o haces que al menos piense
que la vida es hermosa

Y que tenga lluvias de risa
y ríos de amor y bondad
para que le formen sin prisa
cataratas de felicidad

Polución

Hoy no circulan los autos
para que no contaminen,
y a los que roban incautos
por qué dejan que caminen?

Vigilar la polución
es una gran prioridad,
y la falta de ración,
los narcos y la verdad?

El aire no está tan puro
según la autoridad estima,
pero también está oscuro
si todo es por el clima..

Esto causa enfermedades,
dolores y muchos males,
pero también de necesidades
se llenan los hospitales..

Se harán estudios y encuestas
para encontrar la solución,
no ven que el tren de las respuestas
se equivoca de estación?

Porque no es contaminación
lo que afecta a esta ciudad
sino que sufre su respiración
por impurezas de autoridad

El viaje

Voy hacia donde has estado
y vas hacia donde estuve,
buscando un cielo más claro,
buscando un cielo sin nubes

Nuestros vuelos se juntaron,
pareciendo paralelos,
pero las estrellas indicaron
que buscamos distintos cielos

Hacia adonde iremos ahora?
Qué nos deparará el destino?
Qué uvas haran la historia
de nuestro futuro vino?

Lo que ahora parece incierto
de pronto será una vivencia,
pero recordaré este puerto
del mar de mi existencia

Ya aprendí que los mañanas
son una cadena de hoy,
y que disfrutaré cada manzana
del árbol de lo que soy

Que disfrutar el vivir
es no vivir del recuerdo,
y una niña locura sentir
aunque se rían los cuerdos

Adonde estuviste, yo voy
para explorar un momento,
para meterme en un hoy,
para encontrar un sentimiento

Siempre y Nunca

Los siempres y los nuncas
son fantasmas que no existen,
son verdades truncas

Porque existen las emociones,
los peros, lo que se supone,
la rutina y las tentaciones

Los nuncas y los siempres
son futuro adelantado,
son disfrazes del presente

Pero no todo es tan sencillo,
además de blanco o negro,
hay verdes, rojos y amarillos

Los siempres y los nuncas
no dejan escribir el hoy,
son como un lápiz sin punta

Son la negacion del sentir,
al ser un simples deseo
de un cómodo vivir

El que siempre dice y nunca sueña
no llegará a ser flor o fruto
pues se sabe árbol y será leña

Mujeres

Flores de la vida,
polen del corazón,
por siempre perdidas
en vivir cada emoción

Escuela de calidez,
sensitivas, cariñosas,
que pueden ser a la vez
espinas, tallos y rosas

Criticonas de todo
y defensoras del mundo,
la intensidad es su modo,
con sentimientos profundos

Piden lo que no quieren
para ver si se lo dan
necesitan que otros se enteren
lo bien atendidas que están

Aparentes marineros,
en realidad almirantes
que consiguen con esmero
guiar el barco triunfantes

Simulan debilidad
cuando se saben más fuertes
disfrazando su habilidad
diciendo que es pura suerte

Reinas de la coquetería
para buscar excitar
provocan mil fantasías
para hacerse desear

Inteligentes, amorosas,
especialistas en sentir,
fuertes, débiles, hermosas,
sin ellas no se podría vivir

Femenino

La rosa es bella y delicada,
la espina es aguda e hiriente,
la hierba es suave y perfumada,
la tierra es fría y es caliente

La luna invita al amor,
las estrellas guían al navegante,
las nubes aplacan el calor,
la brisa alivia en un instante

La madera tiene distinción,
la rueda facilita caminos
la casa da protección
la verja esconde al vecino

Las frutas tienen dulzura,
las espigas crean alimento
las flores regalan hermosura,
las raíces dan sustento

Las abejas son laboriosas,
las leonas apasionadas,
las águilas libres y grandiosas,
las aves y su plumaje codiciadas

La mujer es todas esas cosas,
e insegura, bella, felina,
inteligente, cariñosa,
en resumen: femenina

Duendecillo

Qué difícil es la vida!
Cuando creo tenerla controlada
parece que el agua servida
terminará en agua derramada

Tengo objetivos claros
y sé lo que debo hacer
pero un duendecillo pícaro
me echa todo a perder

A veces quiere desviar el camino
de lo que se dice correcto
y al verbo de mi destino
lo conjuga en pluscuamperfecto

Ay duendecillo travieso!,
no ves que me quitas perfección,
moviéndole los huesos
al esqueleto de mi emoción?

Por qué me creas conflictos
y aceleras mi corazón
haciéndome cometer el delito
de descontrolar mi razón?

Ay duendecillo divino!
Que sería de mi vida
sin tu sabroso vino
para acompañar mi comida?

Duendecillo no me dejes,
que quiero sentirme niño
aunque me acusen de hereje
por mirarte con cariño

Y dejo escurrir el agua
por mis manos, disfrutando...
y que otros busquen paraguas
si no quieren estarse mojando

Quiero ayudarte

No pienses que no me interesa
lo que tanto te preocupa,
lo que tanto en tu corazón pesa

No me creas indiferente
como si tus problemas fueran
de alguien más entre la gente

Aunque parezca egoísta o desubicado
siento que tus penas y tristezas
son mías, y estoy preocupado

Y no confundas consejos
con críticas o regañones
de quien se cree sabio por viejo

Quiero ayudarte y no puedo
hacerte ver lo que vales,
que te veo en el cielo

Que no importando la gente
debes saberte importante,
pura, buena e inteligente

Que a veces tendrás debilidad
como cualquier mortal,
por un momento de felicidad

y que para llegar al final
no veas la perfección
como el único valor vital

Que si sabes tu camino
no evitarás vendavales
pero llegarás a destino

No seas tu propio juez
sin perdonarte una falta,
sin intentarlo otra vez

Que la vida no es tan derecha
y cuando el camino es difícil
tu puedes abrir la brecha

Buena compañía

Me dijeron que soy
muy "buena compañía",
y no sé por qué me siento hoy
como un obsoleto tranvía...

Qué golpe a mis ilusiones!
Será por mi introversión,
por esconder emociones
o por usar la razón?

Qué me falta, digo yo
si gusta mi compañía,
o es que la lluvia ya cayó
y yo hablo de sequía?

No es tan mal trato
que le digan buen compañero....
no tanto como estar descalzo
y patear un hormiguero...

Podría ser un halago
o señal de admiración...
o podría ser el pago
por falta de imaginación...

Podría ser respeto,
o tal vez deferencia
como tienen los nietos,
como se tiene a la ciencia...

Compañía es presencia
según el sabio diccionario...
entonces estar es la esencia
aunque sea un dinosaurio?

Creo que esto me perseguirá
por el resto de mis días,....
o es que alguien me creerá
algo más que buena compañía?

Vuelo 520

Voy de la soledad al vacío
por un camino de nubes,
y con visiones de hastío

Vengo de la nada
y voy hacia el algo
con nostalgias acabadas

Veo gente y veo cielo
y al ver a lo lejos el mar
por un rato me consuelo

Veo señores con lentes,
unos parecen sospechosos,
otros lucen más decentes

Hay ojos preocupados,
sueños profundos,
coro de oídos tapados...

Sonrisas de marioneta
uniformes azules,
como ensayada opereta...

Charlas de aburrimiento
sin calor y sin sentido
para pasar el momento...

Luz encendida, turbulencia!,
Arrepentirse pecadores!
Prometer bien y decencia!

Ya pasó, no era nada..
Lo sabía, yo en esto
llevo ya muchas jornadas....

Instrucciones de emergencia,
"En caso de accidentes
mantenga calma y paciencia...".

Ya llegamos a destino
"Bienvenido al país del norte"
aplicará a los latinos?

Ocho a Cinco

Son las ocho,
empieza el día
en esta bendita Compañía

Saludos, un cafecito,
qué pesado estaba el tráfico...
qué bajo el salario básico...

Los papeles se juntaron,
la computadora no anda,
el jefe llega y manda

Miguel imita preocupación,
y Juanita corre alocada
blandiendo una factura arrugada

Los teléfonos lanzan
S.O.S. desesperados
no ven que estoy ocupado?

Cómo se pasó la hora!,
ya se hicieron diez y diez
y voy tarde a la junta otra vez

Hay rumores de limpieza,
...seguro le toca a Rodrigo
porque el jefe lo mira torcido

Llego la hora de almorzar
para ponernos al día
sobre lo de José y Elvira..

Qué sueño me da a la tarde...
cómo se les ocurre, indecentes!
hablarme ahora de clientes?

A las cuatro entrenamiento..
para sentarme atrás me apuro
con mis anteojos oscuros...

Por fin las cinco, salida
serán los días como hoy
los que me atan adonde estoy?

A tí

Como al sol en la mañana
asomándose a mi ventana
asi te espero yo a tí

Como nube vaporosa
transformándose en una y mil cosas
asi te imagino yo a tí

Como alegre colibrí
buscando una flor de abril
asi te veo yo a tí

Como fina y blanca espuma
creando una mágica bruma
asi te siento yo a tí

Como agua cristalina
que da vida y reanima
asi te necesito yo a tí

Como arco iris multicolor
que dá a la fría lluvia calor
asi te pido yo a tí

Como fiera apasionada
que se juega a todo o nada
asi te disfruto yo a tí

Como flor arrullada
por el rocío de la madrugada
asi te sueño yo a tí

Como la parte preferida
que nunca abandonará mi vida
asi te quiero yo a tí

Colón

"Señores Reyes Católicos
me comprometo a traer
mucho oro hasta sus pórticos
y plata hacerles llover"

Asi se inició la historia
de la aventura colombina
que a unos llenó de gloria
y a otros puso en la letrina

Como puerto eligió Palos,
significativo antecedente
pues la tradición de los palos
se transmitió hasta el presente

Le llamaron Almirante,
no por su dotes militares
sino por comprarse al instante
a Sus Graciosas Majestades

No sabemos si al rey le hizo honores,
o la reina lo tuvo en su regazo,
pero lo cierto es, señores
que fué éste el primer dedazo

Muchos días navegó
con tormentas y sin comida
hasta que al final encontró
una tierra prometida

A la que pronto conquistó
con trucos, pestes y espadas
mientras que prometió
terminar con las salvajadas

La conclusión es elocuente,
dados los históricos antecedentes:
sobre los problemas corrientes
la culpa la tiene Colón y no el ex-Presidente

Norte

Olas encrespadas
golpean mi escollera
de maderas gastadas,

las dudas vienen y van
en el mar de mis pensamientos
empujadas por un fuerte viento,

la arena de la felicidad
vuela desorientada
buscando su morada,

y yo observo ansiosamente
como expectador atento
esperando que calme el viento

He pasado otras tempestades
a las que sobreviví
teniendo fé en mí

Viento Norte que traes frío,
aguardaré que te vayas
a enturbiar otras playas

Y mientras espero, aprendo
lo que me dá cada momento,
de lo que de pronto encuentro

Porque el viento calmará
y brillará la verdad
que traerá luz y tranquilidad

Luna y Sol

En el ancho firmamento
dos estrellas en su elemento,
disfrutaban su alegría

Luna, le decían a una
que brillaba como ninguna
junto a su amigo Sol

Hasta que Luna confió un secreto
creyendo al viento discreto,
pero las brisas escucharon

Hubo risas escondidas
y hasta miradas furtivas
cuando Sol aparecía

El secreto ya no tenía velo,
los comentarios tomaron vuelo,
mientras Sol vivía sonriente

Como de su niñez esclava,
temiendo decir nada
Luna dejó que pasara el tiempo

mientras sufría su engaño
sabiendo que le hacía daño,
y el tiempo seguía corriendo

Un día, en una tarde bella
y a través de otra estrella
Sol todo descubrió

La decepción fue total
por qué le hizo tanto mal?
o es que no se dió cuenta?

Y a partir de ese día
la luz que juntos hacían
se apagó

El busca a quién dar calor
a ella se le quitó el color,
y la noche allí nació

Juntos ya no iluminan
y por distintos rumbos caminan,
hoy la Luna y el Sol

Medicina

Doctor, hay pastillas de alegría
para un corazón enfermo
que tiene todo en la vida
pero que siente sólo el invierno?

Hay anteojos milagrosos
para que el que mucho tiene
vea que dar es maravilloso
sin pensar si le conviene?

Existen inyecciones efectivas
para que en lugar del yo
sea la mente creativa
y se interese en el vos?

Se descubrió el ungüento
que facilite la ayuda
y cure el puro cuento
de encontrar siempre una duda?

Es la ciencia ya capaz
de trasplantar encuentros
para llevarle la paz
al que está perdido por dentro?

Se pueden operar fracasos
para llevarle esperanza
al que se vé en el ocaso,
al que perdió la confianza?

Se bombardean los simulacros
con laser de honradez
para acabar el teatro
y descubrir el interés?

Doctor, reparta ya su medicina
que el mundo tiene dolor
dele risas como vitaminas
y muchas dosis de amor

Imaginación

Aprendí a ser feliz
usando mi imaginación
que logra cualquier matiz
que sueñe mi corazón

Nadie me puede quitar
lo que mi mente crea
pero yo lo puedo dar
a quien quiero que lo vea

Puedo fabricar ilusiones
de todas formas y colores,
y cocinar fantasías
de exóticos sabores

No hay regla que me dirija
ni juicio que me limite,
no vivo en cuotas fijas
la falsedad que me excite

Cuando me siento cansado
puedo salir a navegar
en un delfin azulado
que no sabe naufragar

Y si la rutina ataca
saco mi espada de espuma
que hiere su vida opaca
y cambia en luz su bruma

Dialogo con lo que siento,
me entrega la luna su belleza,
escucho cantar al viento,
quién puede tener más riqueza?

Fiesta Brava

Tarde de sol,
gente excitada,
empieza la Fiesta Brava

Trajes de luces,
desfiles y flores,
banda y colores

Un último rezo
al pedir protección
antes de ir a la acción

Bramidos de fuego,
una puerta de abre
y estalla la tarde

Primer tercio,
se estrena la capa,
se muere o se mata

Estrellas de rubí
nacen del acero
que clava el banderillero

El caballo no ve
al enemigo que no se entrega
en tan desigual pelea

Llega la hora de lucirse,
y en cada nueva suerte
se ve de cerca la muerte

Figuras hace la capa
dibujando valentías
y cosechando alegrías

Crece la efervescencia,
Olé!, grita la gente
para premiar al valiente

Y todo llega al final
cuando una espada certera
pone a dormir a la fiera

Fiesta Brava le llaman
porque el premio es la vida
o la muerte la otra salida

El arco iris

Tus ojos no mienten,
ellos dicen lo que sienten
a pesar de tus esfuerzos

Tus manos que tiemblan
seguro recuerdan
otros momentos

Tu quieta alegría
por dentro ansía
un sueño imposible

Tu sentimiento inseguro
cuando miras al futuro
vive en el recuerdo

Tus fantasmas del pasado
con su deseo enmascarado
te persiguen

Pero saldrás adelante
porque ahora como antes
conseguirás lo que quieres

Las dudas seran hojas caídas
del otoño de tu vida
y vendrá la primavera

Y recorrerás tu camino
iluminado tu destino
por una nueva estrella

La felicidad te llama
y tu vida reclama
ver el arco iris

Revelaciones

Hoy ví una flor
en vez de sentir el olor
de combustible quemado

Sentí la mirada de un niño
que me dijo con cariño
adonde vas tan apurado?

Recordé hermosos momentos
y valiosos sentimientos
que tenía abandonados

Escuché una voz interior
que me dijo con calor
que estaba siempre a mi lado

Noté que tengo mucho más
si supero el disfraz
de sentirme desdichado

Viví la felicidad
de perdonar de verdad
a quien me ha traicionado

Recogí una sonrisa
que me arrojó alguien a prisa
por haberlo ayudado

Me dijo el día al nacer
que debía yo creer
y entonces sería premiado

Y al llegar la noche veo
que todo puedo si creo
y que el día he disfrutado

Milagros

Cuando quieras algo
solo pídelo con fé
que no hay trago amargo
cuya solución no se dé

Pero no te detengas
en desear con imaginación:
es necesario que tengas
una bien clara intención

Si piensas positivamente
e imaginas tu futuro
saldrás muy seguramente
de tu rincón oscuro

Porque dentro de todos existe
la fuerza para lograr
lo que siempre viste
como difícil de superar

Y lo que otros son,
sus modos malos o gratos
no son más que la reflección
de tus propios modos y actos

Acuérdate de vivir
agradeciendo lo que se te dá
y cada minuto sentir
porque lo que posees se vá

Y crea la propia magia
de milagros regalarte
porque tienes esa gracia
que Dios te dió al amarte

Propuesta

Cuánto tiempo hemos perdido
quejándonos de todo
qué es lo que nos ha ocurrido
para pensar de este modo?

Te propongo empezar
como si fuera todo nuevo
sin pretender adivinar
como acabará el juego

Volvamos a ser dos en uno
en vez de dejarnos vencer
por lo que de los dos ninguno
ha podido entender

Veamos la noche tibia
con nuestras dos estrellas
sin hacer caso a la envidia
que trata de hacernos mella

Creamos en un futuro
con todo lo que deseamos,
salgamos del bosque oscuro
y entremos al florido llano

Disfrutemos cada momento
en que juntos estemos
y que sea al amor un monumento
cada instante que nos vemos

Destruyamos preocupaciones,
cansancios eliminemos,
y disfrutemos emociones
que ahora echamos de menos

Te propongo disfrutar
lo que nos falta recorrer
y que sea todo amar
olvidándonos de temer

Optimismo

No te desesperes por ser feliz
porque no hay receta mágica,
y no cometas el desliz
de apurar una salida drástica

Disfruta cada momento
como se te presenta
y no quieras en el cemento
hacer crecer una menta

Escucha a quienes te quieren
porque son consejos valiosos
e ignora a los que solo se atreven
a presentarte todo hermoso

Si son amigos te dirán
las cosas como la sienten
aunque te dolerán
porque piensas que te mienten

Pero al final del camino
sabrás quien está a tu lado
porque el tiempo y el destino
jamás se han equivocado

No por mucho desearlo
sale el sol más temprano
ni con solo esperarlo
se hace harina el grano

Todo se dá a su tiempo
y si te tienes confianza
un día te llegará el viento
de la paz en abundancia

Espera, sonríe y vive
con esperanza y optimismo
y siente como tu corazón ríe
con la fé que le das tu mismo

Quijote

Cómo te envidio, Quijote
por marchar siempre adelante
sin nadie que te derrote
aunque del polvo te levanten

Cómo quisiera vivir
como tú, recorriendo el mundo
siempre tras el sentir
de un amor dulce y profundo

Y enfrentar los molinos
sin miedos y con bravura.
Cuál es el secreto, dinos
para vivir tu aventura?

Cómo tener un amigo fiel
como el bueno de Sancho Panza
que no mezquine su piel
cuando tomamos la lanza?

Cómo encontrar a Dulcinea,
una luz que sirva de guía
en la oscura chimenea
por la que se quema la vida?

Y tener a Rocinante,
compañero de aventuras
y como su amo, amante
de disfrutar sus locuras

Quijote, yo te venero
por tu imaginación e hidalguía
y en mi camino espero
que tambien ellas sean mi guía

Pasteles quemados

Como pasteles quemados
vuelven los soldados
de la guerra

Hondas huellas les ha quedado
de su immediato pasado
en las trincheras

De la vida el sabor se ha lavado
por todo lo que han llorado
por su tierra

Y hay quienes han lucrado
mientras otros han luchado
por ideas

No importa quien ha ganado
ahora que todo se ha llevado
la violencia

Mientras reparten honores
por encima de los dolores
de los huérfanos

Y se festeja la paz
pero nadie es capaz
de aprender

Porque mañana el odio
generará otro episodio
de pasteles

Que unos saborearán gustosos
mientras otros encontrarán el pozo
de la muerte

Ya que ésta parece ser la ciencia
de la eterna competencia
entre humanos

Paraíso

Un día las balas serán flores
los cañones se volverán arados,
se acabarán los dolores
y reinarán los enamorados

Un día no muy lejano
sin interés ni esperando nada
ayudarás a tu hermano
y darás con gusto posada

Saludarás a tu semejante
con interés y emoción
mirando siempre adelante
sin esperar la traición

Creerás en las promesas
que te haga un extraño
porque no habrá sorpresas
que te puedan hacer daño

Ese día está cercano
y si lo quieres pronto ver
solo tiéndele tu mano
y lo verás amanecer

Pues disfrutas frescas mañanas
y aprecias tardes soleadas
viendo a través de tu ventana
tus creencias reflejadas

Porque ese mañana es hoy
si te propones cambiar
y preguntarte adonde voy
en vez de solo caminar

Tú construyes tu camino
sea sinuoso o sea recto
porque tienes el don divino
que te da tu ser perfecto

Y si lo aprovechas bien
construirás tu paraíso
mientras otros solo ven
su creado maleficio

Enamorado

Cuando piensas en ella
y te sabes acompañado,
te guste admirar las estrellas,
y sientes el sol en día nublado

Cuando el mensaje de sus ojos
te transmite la emoción
de saber que hay algo hermoso
que gana tu corazón

Cuando su alegre risa
es como un susurro de cascadas
o como un concierto de brisas
en una noche estrellada

Cuando acariciar su suave piel
es un banquete de espuma
con sabor a dulce miel
que de placer te abruma

Cuando el jugar con sus cabellos
te lleva a recorrer un prado
suave, florido, bello,
y por su luz no igualado

Cuando su graciosa figura
al acercarse te excita
y te parece una escultura
que a admirarse invita

Cuando recibir su cariño
es la vital emoción
que te hace adulto y niño
en alegre sucesión

Cuando es esto lo que sientes
no lo veas complicado
ya que tu corazón no miente,
y es que estás enamorado

D.F.

Colmena gigante
con tus zánganos y tus reinas
y tus nubes eternas

Valle entristecido
por tu enfermedad de cemento
monumento al crecimiento

El Angel te simboliza,
cuna de raza brava
con engaños sojuzgada

Pródiga en historia,
desde tu origen lacustre
salieron nombres ilustres

Moderna metrópolis
con luces y cultura,
paraísos y basura

Espíritu indomable
al que no pone coto
ni el más grande terremoto

Gente fiestera,
servicial y bulliciosa,
semáforos que venden rosas

Policias negociantes,
domingos de fútbol y toros
arte de plata y oro

Malabaristas en esquinas,
unos derrochan en Polanco,
otros duermen en bancos

Monumento universal
al desorden ordenado,
vivirte es querer volver a tu lado

Riqueza

Tu naciste en cuna de plata,
yo en una esquina cualquiera,
lo tuyo fue una sorpresa grata,
lo mío empezó en borrachera

A tí te cuidó la mucama
y viajabas con chofer
mientras a mí me dolían las ganas
cuando no podía comer

Creciste con muchos cuidados
consejos y agasajos
mientras que fuí abandonado
y tuve que empezar bien abajo

Planearon bien tu carrera
para que fueras doctor
a mi me pusieron barreras
de injusticias y dolor

Conociste a quien se suponía
podia mantener tu posición
yo encontré quien me sonreía
al escuchar una canción

Enloqueciste persiguiendo
más y más, sin nunca parar
mientras yo seguí agradeciendo
lo que podía disfrutar

La droga fue tu salida
para buscar tranquilidad
a mi vivir dada día
ya me daba felicidad

Hoy estás divorciado
en tu rica soledad
mientras vivo enamorado
en mi opulenta humildad

Pensar que un día envidié
todo lo que tenías
hasta que al fin encontré
que la riqueza era mía

Argentinos

Los argentinos somos una raza aparte,
no llegamos primeros a la luna
porque nos interesa Marte
y la escala no sería oportuna

Europeos disfrazados de tango;
el dinero tanto nos gusta
que le llamamos "mango"
(aunque admitirlo nos asusta)

Nuestro nacionalismo es elocuente:
"River", "Racing", "Juniors" son una muestra
de algunos nombres frecuentes
que apasionan a la patria nuestra

El dulce de leche inventamos
segun nos enseñan de pequeños,
y en el tercer mundo no estamos
porque para todo somos buenos

Nos gusta exclamar
"a ver cuándo nos vemos"
queriendo averiguar
si los invitados seremos

Sabemos arreglar el mundo
y de política entendemos
pero de trabajar juntos
mejor será que no hablemos

La viveza nos castiga
porque la usamos mal,
no queremos la espiga
sino sólo comer el pan

Pero si tú pudieras visitar
a nuestra tierra y su gente
seguro querrías regresar
porque te conquistarán para siempre

Vivir

Vivir es tener ilusiones,
es superar el abismo
de las malas emociones,
es creer en uno mismo

Vivir es hablar en nosotros
en lugar del yo egoísta;
es mantener la fe en otros,
es tener una sonrisa lista

Vivir es tener la edad
de lo que queramos hacer,
es encontrar nuestra verdad
en cualquier amanecer

Vivir es cantar en la ducha
imaginando un escenario,
es ganar al tiempo la lucha
que disputamos a diario

Vivir es contemplar una estrella
soñando con el futuro
y cómo junto con ella
no importan los tiempos duros

Vivir es un sentimiento,
un canto, un libro, una poesía,
es la luz, el agua, el viento,
es lo que gustamos de cada día

Vivir es un don privilegiado
que empieza cada minuto,
vivir es sentirse amado
y por eso lo disfruto

La Noche

Cae la noche sobre la ciudad
y millones de estrellas con filamento
disputan su reino a la oscuridad
y le ponen movimiento

El cansancio del trabajo,
la exitación de una fiesta,
la muerte en un atajo,
todo la noche muestra

Hay lo malo y lo bueno,
los heroes de las emergencias.
los amigos de lo ajeno,
el mercado de la indecencia

Una aventura casual,
que termina en una hora,
una declaración formal
que terminará en boda

Unos cenan a lo grande
con sirvientes y elegancia,
mientras a otros el hambre
les lleva mucha distancia

La noche es un buen testigo
de aventuras y festejos,
de hacer nuevos amigos
y de dar y recibir consejos

La noche puede dormir
la inocencia del reposo
o puede despierta vivir
el drama, la aventura o el gozo

Cuando sientas

Cuando te sientas poderoso
observa un pájaro volar,
admira un atardecer hermoso
y contempla la anchura del mar

Cuando te sientas solitario
mira las estrellas brillantes
que como manto imaginario
te une a todos tus semejantes

Cuanto sientas rencor
piensa en todo lo que tienes
y vuelve tu frío en calor
para derretir lo que temes

Cuando te sientas frustrado
por no alcanzar lo que quieres
analiza si realmente has disfrutado
lo que tienes y lo que eres

Cuando te sientas cansado
por la contínua rutina
pregúntate cuánto has dado
y busca una respuesta genuina

Cuando te sientas nervioso
por un futuro incierto
ten fé en que algo hermoso
te llevará a buen puerto

Y cuando te sientas feliz
acuérdate de agradecerlo
y ayuda a quien veas de gris
dándole tu color al hacerlo

Persiguiendo sueños

Quién soy en este momento?
un Quijote que arremete
contra molinos de viento
o una nave al garete?

Sigo el camino correcto?
o estoy yendo contra el viento
equivocando el trayecto
por seguir mis sentimientos?

Lo que hago es inusual
de acuerdo con el común saber
de ver como natural
perseguir solo el poder

A veces dudo, pero sigo
porque aunque el riesgo es alto
si lo que quiero no persigo
nunca sabré lo que valgo

No quiero la cómoda oscuridad
de saberme dominado
sino la luz de la verdad
que dá el haberlo intentado

El resultado no lo sabré
hasta que el tiempo lo diga
pero contar un día podré
que yo dibujé mi vida

Lo importante es intentar
alcanzar lo que queremos
en lugar de murmurar
que somos víctimas de lo ajeno

El camino fácil no existe
para el que quiere llegar
pero el quedarse es más triste
porque es dejar de soñar

La sombra

La sombra es egoísta:
en los días nublados desaparece
pero siempre estará lista
cuando en tu vida amanece

En tu lecho no la ves
compartiendo tu calor,
o disfrutando por una vez
la dulzura del amor

Pero las luces la reviven
a la sombra interesada
que a todos lados te sigue
sin preocuparse por nada

Si le hablas, ella te observa
con su figura callada,
otras crece y te enerva
por sus formas alteradas

Sin tí no puede vivir
pero añora su independencia
por lo que prefiere sufrir
dándote sólo su presencia

Cuántas sombras hay en tu vida
que quieren por su necesidad
compartir el sol de tu alegría
y abandonarte en tu oscuridad?

De ellas no esperes nada
pues aunque las sientas a tu lado
piensa que actuarán interesadas
y no te habrás engañado

Escuela

Con su carga de inocencia
y sus miedos de lo nuevo
van a enfrentarse a la ciencia
esperando que sea un juego

El camino les llevará
por autopistas de risas
que lágrimas regarán
cuando quieran ir muy de prisa

Cómo será la maestra?
es el primer interrogante
que ella en su arte diestra
resolverá en un instante

Por qué habrá niñas?,
..ellas no saben jugar,
ni se meten en la riñas
y sólo les gusta hablar

Y ese señor tan serio?
le dicen el Director...
debe vivir en un cementerio
porque le falta color..

Asi seguirán desde ese día
descubriendo la novedad
que cada cosa en la vida
tiene su propia verdad

Con reglas que establecen
los que tienen el poder
mientras otros obedecen
y apenas pueden comer

Y reemplazarán la inocencia
por la ansiedad de adorar
al dinero y no a la ciencia
al correr y no al pensar

El loco

Quería llegar a la luna
caminando, sin apuro
pero no tenía esperanza alguna
detrás de aquel alto muro

Asi pensaba la gente
que temiendo su locura
lo bautizó de demente
con sus ojos de cordura

Pero una noche muy grata
su mente lo llevo al mar
adonde una estela de plata
lo invitó a caminar

Y paseó por las estrellas
en su camino a la luna,
jugando entre nubes bellas
que le arrojaban su espuma

Y cuando contó el incidente
un juez lo soltó de immediato
para que enseñara a la gente
que soñar no es desacato

"Cómo se atreve a soñar
en lograr lo que más quiere!
Nadie camina en el mar!
Jugar con nubes no se puede!"

Así reclamaron alarmados
los que no pudieron entender,
por sus costumbres cegados,
que para llegar hay que creer

Pero a otros les hizo ver
que soñar con lo deseado
hace las alas crecer
para alcanzar lo soñado

Extranjero

Se que naciste aquí;
yo... vengo de otra tierra
por qué te alejas de mí?,
por qué en tu miedo te encierras?

Yo tengo sangre y piel
como todos tus hermanos,
disfruto el sabor de la miel
y me gusta el calor de las manos

Como, bebo, río y lloro
igual como tú lo haces,
me deslunbra el color del oro
y ver una rosa que nace

No sé por qué estoy acá,
tal vez un sueño, un sentimiento,
una locura, una casualidad
o un inspirado momento

A veces soy hoja al viento
que recorre mil caminos
otras, semilla me siento
que florece en cada destino

Soy ciudadano del mundo
y no reconozco barreras
que en mi andar vagabundo
me puedan dejar afuera

No me sientas extranjero
en tus mezquinas fronteras
porque yo a todos quiero
sin importarme banderas

Extranjeros son aquéllos
que no extienden su mano
cuando ven un atropello
que afecta a sus hermanos

Tú defiendes esta tierra,
yo.... me muevo con el destino,
tus fronteras traen guerras
mis pasos.... abren caminos

Caminante

Si quieres caminar conmigo
no quieras llegar ligero
pero desde ya te digo
que llegaremos primero

Porque no solo es caminar
sino encontrar la meta
en la que sepas hallar
tu destino en este planeta

Deja que pasen corriendo
los que persiguen espejismos
porque ya los irás viendo
estrellarse en el abismo

No creas en falsos ganadores
que te muestran sus medallas
conseguidas sin honores
en fáciles y falsas batallas

Respeta al que busca la ruta
aunque te parezca perdido
y el ayudarlo disfruta
porque a tí te habrá servido

Aprende de todo caminante
que encontrarás a tu paso;
no precisas ser almirante
para navegar el agua de un vaso

Comparte hacia adonde vas
para que otras aprendan
y ayudándose en tu compás
puedan encontrar su senda

Disfruta de los desafíos
que te presente el paisaje
y así no sentirás nunca frío
a lo largo de tu viaje

Si quieres caminar conmigo
te exigirás lo mejor
y de tu triunfo testigos
serán tu paz y tu amor

Confía

Te encuentras preocupada
por tu incierto destino,
por la hienas agazapadas
a lo largo del camino

Sólo tienes que volar
para que en el alto cielo
puedas poder apreciar
que de tí depende el vuelo

Y observarás las estrellas
en lugar de los pantanos,
y encontrarás cosas bellas
y no verás hienas, sino humanos

En tu propia fortaleza
construirás tu destino
e irás limpiando malezas
para poder ver los pinos

No te dejes convencer
por los problemas ajenos:
sólo tienes que aprender
que eres mucho más que menos

Tú construyes tu futuro
con paciencia y decisión
que te sacarán de lo oscuro
si mezclas sueños y acción

Disfruta tu vida confiando
en que tendrás lo que quieres
aunque tengas que ir caminando
porque corriendo no puedes

Adiós

Decir adiós es morir
por lo que se termina,
decir adiós es vivir
por lo que se aproxima

El adiós puede ser triste
si miras hacia atrás,
si piensas lo que perdiste
y dudas de lo que harás

El adiós puede ser alegre
si piensas en el futuro
y te ves como un orfebre
que talla el oro puro

El adiós es un pozo
en el que dejas caer
tristezas, dudas y gozos
para volver a nacer

El adiós es un peldaño
en la escalera de tu vida
en el que te puedes hacer daño
o ayudarte en la subida

Decir adiós es perderse
dejando algo que amamos,
es preparar el despedirse
de lo próximo que vivamos

Decir adiós es un canto
a los sueños o fracasos,
es abrazos, risas y llantos
es....simplemente un paso

Los miedos

Los miedos son el alimento
del banquete equivocado,
y como miedos siento
preciso estar a tu lado

Para que me comprendas
con tu ternura infinita
o a veces me reprendas
porque mi miedo te irrita

Sin miedos no hay futuro
porque es muy acomodado
no querer saltar el muro
y quejarse del pasado

El miedo trae el placer
de alejarse de la muchedumbre
cuando el claro amanecer
sigue a la incertidumbre

A quien no siente miedo
lo compadecerán
los que con gran denuedo
sus sueños alcanzarán

El miedo trae cambios
que debemos perseguir
ya sea para ser sabios
o para cambiando, vivir

No es el miedo tu enemigo
sino el no enfrentarlo;
trátalo como tu amigo
y así podrás dominarlo

Fácil y complicado

"Vida fácil es la tuya
la mía sí es complicada"
no es que a esta frase rehuya
pero ya está muy gastada

Siempre vemos en los demás
lo que nosotros no somos
y si tus alas son de cristal
las mías parecen de plomo

Quiero que seas Quijote
y batalles tus molinos
mientras no muevas mi bote
y me escondo en mi vino

Tú puedes, es sencillo
o es sólo cuestión de empuje
pero no desenredes mi ovillo
porque mi conciencia ruge

No sé como no aprecias
todo lo que se te ha dado
mientras en mi mar arrecia
el huracán más desenfrenado

Soluciones tengo muchas
para poner en tu mesa
pero estoy perdiendo mi lucha
a pesar de mi fortaleza

La verdad de todo esto
es que nos falta valor
para poder ser honestos
y descubrir nuestro color

Y mientras con brillo nos vemos,
tan puros como la luna,
nuestros cráteres tenemos
y sin sol no damos luz alguna

Príncipe Azul

Estás esperando su llamado
como si fuera muy poco
todo lo que tú le has dado

Te sientes debiendo
por las caricias recibidas
y los "te quiero" sonriendo

Por su buena compañía
que te sacó de tus grises
dices que inventó tu alegria

Y como salido del baul
de tu niñez encantada
te pareció tu príncipe azul

Pero ponte en tu lugar
y vé que en sus aguas oscuras
tú le enseñaste a nadar

Que no teniendo nada
tú le pusiste el brillo
a su armadura dorada

Que perdido en su camino
tú sin pedirle nada
le mostraste su destino

Que sus promesas de fantasía
y sus palabras bonitas
ahora te suenan vacías

..tal vez no fué mala intención..
sólo burbujas de un momento
bañado por la emoción

Pero la realidad es dura
y toda experiencia que vives
te mejora y te madura

Guárdate la enseñanza
que tú eres quien vale
y no pierdas la esperanza

Pues encontrarás para tu viaje
sea con él o sea con otro
con quien gozar del paisaje

Despedida

Tú, dices que me voy...
yo, que simplemente vuelo...
sin explicar quién soy
y sin buscar consuelo
Porque volando, me quedo
en el espacio infinito
viviendo en quienes quiero
y me quieren un poquito

No estaré pero presiento
que las horas compartidas
han creado un sentimiento
que no dejará nuestras vidas
Otros están, pero lejanos...
yo no estaré presente
pero siempre tendrás mi mano
cuando te rodeen los ausentes...

Los momentos verdaderos
no se pueden ya perder
y son en el océano el madero
que nos sabe proteger
Y aunque haya olas immensas,
las experiencias vividas
pondrán al dolor clemencia
y cerrarán las heridas

No me siento desdichado
por seguir con mi camino
porque aquí o en cualquier lado
me enfrentará el destino
Y agradezco la fortuna
de haber estado aquí

pues no cambiaría ninguna
de las horas que viví

Con conciertos de alegrías
y desfiles de emociones
que en mi memoria son guía
de agradables sensaciones
Si tú dices que me voy,
yo... te digo que me quedo
si al acordarte quién soy
le pones sonrisas al miedo

El reloj

Hoy me miró el reloj alarmado
y dijo como una amenaza
"Adonde vas tan apurado
no ves que todo llega y todo pasa?"

"Yo te marco bien el tiempo
pero no puedes contarlo:
no sabes si tienes un momento
o un montón de calendarios"

"No te apures, sé feliz",
continuó el reloj parlante
"si puedes ver tu nariz
es que vas para adelante"

Y me dejó tan pensativo
con tan sencillo discurso
que a lo mejor me dá motivo
para cambiar de mi vida el curso

Porque si al "todo llega, todo pasa"
lo tomo con filosofía
le quito al tiempo su amenaza
y aprendo a gozar mi día

El ejemplo

Desde la vereda de enfrente
lo admira toda la gente
aplaudiendo su cordura

El es tan centrado.
y por lo mismo admirado;
incapaz de una locura

Los detalles bien cuidados
de su vida han quitado
la sorpresa y la aventura

Unos lo ven como ejemplo,
otros envidian su talento,
su criterio y su mesura

Ser su amigo es valuado
por sus consejos acertados
y por su palabra madura

Pero si cruzas la calle
tal vez un poco triste lo halles
y hasta con cierta amargura

Porque detrás de esa imagen
si te acercas ves que nacen
carencias, miedos y dudas

El sueña en poder volar
pero camina, y lo debe aceptar
según manda su estatura

Cómo se ha de permitir
que de otra forma pueda vivir
quien es del ejemplo la figura?

El músico

Parecía desafiar al tiempo
aferrado a su instrumento,
...en la plaza de Morelia

Su figura no transmitía
ni tristeza ni alegría,
solo su música al viento

y en aquel banco sentado,
por un tango acompañado
disfrutaba su momento

Vestido con elegancia
le ponía importancia
al solitario concierto

mientras un perro a su lado,
dormía, ..tal vez cansado
de seguirlo a tantos puertos

En otra parte del paseo
otros músicos por dinero
vendían sus ilusiones

pero en aquel rincón oscuro
como protegido por un muro
el vivía sus canciones

tal vez recordando su infancia
o una tierra que a la distancia
le llenaba de emociones

Con atención, pero discreto
para no asustar sus secretos
traté de imaginar sus huellas

y sentí paz en mi interior
porque su música era amor
...en esa plaza de Morelia

Los de la mesa de al lado

"Prueba el atole de piña",
le decían a la niña
los de la mesa de al lado

mientras yo discutía
principios de filosofía,
el presente y el pasado

"Qué buena que está la sopa!",
"pero no te manches la ropa",
decían en la mesa de al lado

y yo seguía insistiendo
que no es que no entiendo,
con calor apasionado

"Nos puede traer tortillas?"
dijo, acomodando su silla
uno, en la mesa de al lado

y ella exponía las razones
que explican sus emociones
mientras yo escuchaba, callado

"Ya me comí tres tacos!"
dijo el que parecíia más flaco
de los de la mesa de al lado

cuando llegamos a la conclusión
de que nuestra incomprensión
nos mantenía alejados

"De postre quiero rompope!"
anunció el gordo grandote
que estaba en la mesa de al lado

y acordamos con mi soledad
que envidiábamos la felicidad
de los de la mesa de al lado

Turista

Era ya el atardecer
cuando llegué a aquel lugar
que me hizo estremecer

por su belleza olvidada
y en los años detenida
con sus iglesias bordadas

por su apariencia serena,
y sus calles empedradas
con el sudor de las penas

Un niño me miro, triste
como preguntando inquieto
viniste a ver lo que viste?

mientras sentado en un banco
un anciano dejaba pasar la vida
con su mirada en blanco

esperando que tal vez la suerte
le regalara algun día
el descanso de la muerte

Los turistas regateaban
sin ver que su negociar
más hambre allí dejaba

porque detrás de su belleza
a esas casas tan bonitas
les falta una buena mesa

Y es que a esa vida tan tranquila
decimos que la envidiamos
saboreando un buen tequila

porque no hay necesidad
en nuestro traje de turistas
de confrontar la verdad

El lugar es imponente,
su belleza inigualable,
pero, qué pasará con su gente?

quién verá detrás de la alegría
que como único recuerdo
nos regalan las fotografías?

Niña

Niña, llora tranquila
que aquí estás protegida,
porque el amor te vigila

Niña, descarga tu pena
que guardaste tan adentro,
que quisiste fuera ajena

Y que el rocío de tus ojos
apague el fuego de tu ira,
de tu impotencia y tu enojo

Grita al mundo y a tí misma
que no tuviste la culpa
de sufrir aquel estigma

Y que el que de tí aprovechó
tenga en su propia desdicha
el castigo que se ganó

Luego mira a un espejo
y dale a esa niña que ves
una sonrisa y un consejo:

Dile que no se vea fea,
y que hay mucha gente buena
aunque ahora no lo crea

Que su frágil cuerpecito,
atacado por un monstruo,
fue curado por angelitos

Y ahora puede crecer segura
porque estará protegida
con amor, con fe y ternura

Que ya nunca estará atrapada
como en aquellos momentos
por vergüenza maniatada

Que nadie la puede tocar
porque la larva ya es mariposa
y hoy puede libre volar

Niña, ya eres libre: amaneció,
juega, ríe, corre, vive,
la oscura noche pasó...

La Marea

En tus inviernos crudos
soy tu protección y escudo,
pero en tus primaveras
mi presencia no deseas

Cuando la luz se te acaba
corres a mí, aterrada
pero en tus días de sol
no sirve lo que te doy

Eres como la marea
que sube y se enseñorea
prometiendo al avanzar
que se podrá navegar

Para luego retirarse
y al que quiso ilusionarse
después de haberse embarcado
dejarle el barco varado

Marea que trae vida
entre la espuma bravía;
marea que al menos fuerte
deja esperando su muerte

No me sientas prisionero
de tus movimientos certeros
porque llegará el momento
de alzar mis alas al viento

Y entonces echaré a volar
dejándote sola en tu mar
al que no podrás pedir nada
pues de él eres esclava

Supermercado

La vió y sintió una mezcla
de curiosidad y deseo,
de conocer su verdad
de invitarla a un paseo

Su presencia atractiva
y sus ojos tan brillantes
hizo que toda la vida
se congelara al instante

Ya no había otra gente,
no existía el horario,
no importaba el gerente...
se sentía mercenario

Conquistando su geografía
tras batallas sudorosas
cuidada caligrafía
y centenares de rosas

Para obtener triunfante
la exclusividad de su sonrisa,
su figura desafiante
sus sueños y sus caricias

Y disfrutar a su lado
sin críticas ni ataduras
todo lo que había olvidado
por creer en la cordura

Encontró lo que buscaba?..
le dijo una dulce voz
..y se dió cuenta que soñaba...
.."sólo vine a buscar arroz".......

Reencuentro

Siento tu piel lejana,
desvaneciendo ilusiones,
cada mañana

Ya no veo tus ojos brillar
humedecidos de amor,
sino tristes de llorar...

Tus labios sólo hablan
y los besos de otros tiempos
ya no extrañan

Sé que la vida te atacó
y un otoño prematuro,
a tu corazón enfermó

Pero recuerda los días
de abrazos, juegos y risas,
cuerpos juntos y alegrías

Por qué al sol del futuro
lo están ocultando
nubarrones oscuros?

Cómo podemos superar
este abismo creciente
que nos tiende a separar?

Qué cambio precisamos
para volver a descubrir
que realmente nos amamos?

Hagamos una primavera
para quitar lo marchito
y empezar una vida nueva

Y un verano luminoso
para gozarlo juntos
compartiendo algo hermoso

No dejemos de intentar
de descubrirnos de nuevo
y nuestra dicha reencontrar

Cariño

Así como a ese niño
que miras con dulzura
asi preciso tu cariño
en esta hora oscura

No ves que ya no puedo
seguir mostrando fortaleza
que aunque no lo quiero
me está ganando la tristeza

Que busco desesperado
sobrevivir el presente
recordando algo pasado
o saboreando lo ausente

No te imagines que puedo
estar siempre preparado
para escuchar, saltar al ruedo,
reir, bailar y no estar cansado

Si en algo paso las horas
no creas que son plenas
que la soledad no me ahoga
que sin tí algo me llena

Sé que esto pasará
pero estoy tan confundido
que no se que me guiará
a no terminar perdido

No me dejes sin cariño
no me dejes sin amor
se que no soy un niño
pero preciso tu calor

La rosa y el clavel

Ella era una erguida rosa,
Él un apuesto clavel,
que crecieron un día juntos
en aquel barrio de San Miguel

En los jardines oxidados
de aquella plaza pueblera
veían pasar la vida
desde su perfumada vidriera

Niños bebiendo alegrías,
ancianos sufriendo esperas,
un perro acechando un balón,
los novios y sus quimeras

Sus colores y perfumes
eran la gran admiración
de todos, y hasta el rocío
les lloraba su emoción

Pero el tiempo, rencoroso,
hizo que el suave terciopelo
de los codiciados pétalos
alfombrase el húmedo suelo

Ya los novios no decían,
buscando un beso de premio,
"Eres como esa flor",
ya nadie quería ser su dueño

La rosa, desfalleciente,
al saberse partir primera
despidióse en aquella tormenta
hasta la próxima primavera

Y así quedó solo el clavel,
esperando pasar los días,
en aquel barrio de San Miguel,
en una plaza escondida

El constructor de peldaños

Tenía la mirada perdida.
como buscando su ausencia
o como si toda la vida
desfilara en su presencia

No lo conocían mucho
ni lo trataban tampoco
pero las lenguas sabiondas
ya le decían "el loco"

Caminaba despacito
como una pena arrastrando,
o sería que entre nubes
el se sentía volando?

A veces se sonreía
al ver a un niño jugando,
ante el susto de la madre
que lo enfrentaba regañando

Decía que trabajaba
de constructor de peldaños
recibido e instructor
en la escuela de los años

Su aula era la vida,
su mensaje, elocuente:
siempre debes tu subir
sin molestar a la gente

Llegarás adonde quieras
con justicia y sin daño
si construyes con amor
fe y trabajo tus peldaños

Deja que te digan loco
y sigue siempre hacia arriba
mientras los demás sólo hablan
por el miedo a la subida

La boda

Noche por tantos temida,
noche por tantos esperada,
por ser punto de partida
o una promesa atrasada

Con muchos interesados
en que los vean presente,
mientras sonríen de lado
al aproximarse un pariente

La novia estaba preciosa…
dirán más adelante
las lenguas más envidiosas
que vivieron aquel instante

Y el novio, …que presencia!…
dirán otros invitados
de los que de su ausencia
nadie se hubiera enterado

Que viva los novios!!!
dijo un borracho, contento
como si no fuera obvio
lo que llevaba adentro

"Mamá" me puedes llamar
la suegra le anunció al novio,
quien solo podía pensar
en llegar al dormitorio…

Mientras el suegro dijo,
con alegría sincera,
"en vez de perder un hijo,
salgo ganando una nuera"

Este es el breve resumen
de una historia repetida,
con la que todos presumen
empezar una nueva vida

Llorar

Naciste al mundo llorando
aunque todos te querían,
y así te sigues lamentando
durante toda la vida

De bebé por no saber
tus deseos expresar,
y luego al ya crecer
por querer y por desear

Lloras por tus alegrías
y porque tienes tristeza,
porque se acaba la vida
o porque no hay pan en la mesa

Lloras por la emoción
de ver tu hijo nacer
o por la desesperación
que ocultas en el beber

Lloras por ganar
y lloras por perder,
porque algo se va a acabar,
porque algo va a crecer

No tengas miedo al llorar
por lo que diga la gente,
si eso te ayuda a expresar
lo que tu corazón siente

Las lágrimas comunican
lo que pasa en tu mundo
y sin palabras explican
tus sentimiento profundos

Amigos

Los amigos son una especie de conciencia
que aunque no los veas,
contarás con su presencia
para continuar tu tarea

En la soledad de nuestros días
con jueces de lo ajeno y falta de ilusión
estan por encima de la hipocresía
y hacen lo que les dice su corazón

Tus penas y alegrías, esperanzas y emociones
que a veces guardas de algun ser querido,
no precisan de explicaciones
para compartirse con un buen amigo

Son muy pocos los que logran
encontrar tanta riqueza
pues muchos comen el pan
y pocos sirven la mesa

Amigos se llaman muchos
pero a pocos puedo sentir
a los primeros escucho
los otros me hacen vivir